COURTE HISTOIRE

DE

NOTRE-DAME DE LA TREILLE,

PAR UN CATHOLIQUE,

Dédiée aux corps de métiers

ET EN GÉNÉRAL

A TOUS LES OUVRIERS LILLOIS

De l'un et de l'autre sexe.

LILLE,
CHEZ DRUART LIBRAIRE-ÉDITEUR,
rue des Suaires.
1854.

NOTRE-DAME DE LA TREILLE.

Pourquoi tant de Fidèles de toutes les classes viennent-ils s'agenouiller dans cette petite chapelle de l'église de Sainte-Catherine, chapelle modeste et simple! On y voit la blouse de l'ouvrier à côté de l'habit noir du bourgeois, l'uniforme du soldat à côté de la robe de bure de la servante.

Cependant, il n'y a rien là qui éblouisse les regards... Point d'ornements splendides, point de profusion d'or ou d'argent...

C'est que nous sommes devant l'image de la Patronne de Lille... devant Notre-Dame de la Treille, dont le nom seul fait battre le cœur de tous les Fidèles lillois.

La statue est en pierre, de 80 centimètres de hauteur environ. C'est une reine sur son trône, ayant un sceptre dans la main droite et tenant de la gauche l'Enfant Jésus sur les genoux. Un treillis ou treille en bois doré environne la statue. De là le nom de NOTRE-DAME DE LA TREILLE.

DÉVOTION A NOTRE-DAME.

Le respect du peuple lillois pour Notre-Dame de la Treille se perd dans la nuit des temps. La statue dont nous venons de parler était déjà vénérée en 1213, d'après ce que nous apprennent les chroniqueurs; son existence, selon quelques-uns, serait contemporaine de la fondation de l'église de Saint-Pierre. Après l'incendie de 1213, et quand on reconstruisit Saint-Pierre, on y établit une chapelle pour Notre-Dame. En 1269 fut fondée en son honneur cette fameuse *procession de Lille* qui attirait tant de monde dévot dans notre ville.

L'illustre saint Bernard, abbé de Clairvaux, ne contribua pas peu à faire fleurir par ses prédications le culte de Notre-Dame de la

Treille. Nous sommes heureux de payer au nom de la ville de Lille ce tribut de reconnaissance à la mémoire d'un aussi grand homme et d'un si admirable saint.

Du reste, la tâche de tous ceux qui ont voulu propager chez nous le saint Nom de Notre-Dame de la Treille était bien facile. Lille s'est toujours distinguée par sa dévotion envers la sainte Vierge. Autrefois de tous côtés ses images y resplendissaient, à chaque pas on rencontrait ses chapelles. Notre-Dame de Grâce, Notre-Dame de Consolation, Notre-Dame de Foi, Notre-Dame des Agonisants, Notre-Dame des Sept-Douleurs, etc., etc. Plusieurs de ces modestes sanctuaires ont échappé au temps destructeur et aux révolutions.

Faut-il donc s'étonner qu'une cité si inclinée vers la dévotion due à Marie, ait toujours été couverte de la Protection de Dieu et merveilleusement préservée au milieu des famines, des pestes et des bombardements!

Notre-Dame de la Treille, Notre-Dame de Lille, priez encore, priez toujours pour nous!

OUTRAGES A NOTRE-DAME.

La statue de Notre-Dame de la Treille placée dans la chapelle de Saint-Pierre, y recueillit jusqu'à la grande révolution les hommages de tous les serviteurs de Marie. L'église fut dévastée en 1793, et la statue n'échappa point à la rage des impies. Elle fut laissée parmi les ruines, et y resta jusqu'à ce qu'un pauvre sacristain nommé Gambier la recueillit dans sa maison (1). Elle passa ensuite entre les mains de M. Lefebvre-D'Hénin, marguillier de Sainte-Catherine qui en fit hommage à son église. Elle y eut

(1) On ignore s'il existe encore des parents de ce digne Lillois.

diverses places jusqu'en 1842, époque à laquelle, à l'occation de la célébration du mois de Marie, elle fut portée dans le sanctuaire qu'elle occupe encore aujourd'hui. C'est là qu'elle reçoit les témoignages de vénération des Catholiques de notre ville et des Pélerins de tous nos environs.

Notre-Dame de la Teille, sois miséricordieuse à tes serviteurs fervents ! Sainte-Mère de Dieu, soutiens les enfants et les mères ! Sainte Dame des Douleurs, réconforte les affligés ! Étoile du marin, sois propice à ceux qui sont dans le danger pour cette vie ou pour l'autre !

LA CONFRÉRIE.

C'est en 1254 que la Confrérie de Notre-Dame de la Treille fut favorisée d'un bref du pape Alexandre IV. Elle existait antérieurement, il est vrai, mais moins éclatante et concentrée dans un cercle de personnes pieuses qui faisaient obscurément leur salut.

Marguerite, comtesse de Flandre, fille de Bauduin IX, empereur de Constantinople, gouvernait alors notre ville. Elle était particulièrement dévote à Marie, et à son exemple les populations se livraient avec une grande ardeur au culte de la Sainte Mère de Dieu. Ce fut elle qui eut l'idée de faire ériger la Confrérie de Notre-Dame de la Treille. La renommée de cette Confrérie ne tarda pas à se répandre au loin, surtout lorsqu'on sut que le pape Alexandre IV lui avait accordé de précieuses indulgences.

Dieu, dans sa miséricorde infinie, voulut bien bénir cette pieuse institution et faire éclater ainsi le crédit tout puissant de l'auguste Mère de Jésus-Christ. A plusieurs reprises des miracles éclatèrent dans la chapelle de Notre-Dame de la Treille. Plusieurs malades, qui étaient venus avec confiance implorer son intercession, s'en retournèrent guéris. La Flandre, le Hainaut, le Cambrésis retentirent bientôt du bruit des grandes miséricordes obtenues par la voie de la Reine de Dieu! Les pélerins affluaient de toutes parts, et pour reconnaître tant de grâces, le chapitre de Saint-Pierre arrêta que tous les ans, le dimanche après la fête de la Sainte-Trinité (1), le clergé célèbrerait l'office de Notre-Dame de la Treille. Cette solennité

---

(2) Depuis le Concordat de 1801, la solennité de la Fête Dieu se célébrant ce dimanche, la Fête de Lille qui n'est autre que le souvenir de la fête de Notre-Dame de la Treille est remise au dimanche suivant.

s'appelait la *Festivité nouvelle de la Vierge*. Bientôt à l'office annuel on ajouta une très-grande et très-belle procession qui attirait tous les ans à Lille un concours immense de peuple.

Enfin, cette série d'actes de dévotion envers Notre-Dame de la Treille fut couronnée par un dernier et remarquable élan de piété; la comtesse Marguerite et MM. du Magistrat la reconnurent dans des écrits, comme patronne de la ville, sous le nom de NOTRE-DAME DE LILLE.

LA PREMIÈRE PROCESSION.

La première procession de Notre-Dame de la Treille se déroula majestueusement dans les rues de Lille en l'an 1269, le deuxième jour de juin. Deux échevins avec deux sergents à verge dirigeaient la marche. Puis vinrent les maîtres des métiers, la torche à la main, les connétables des archers et arbaltériers, les confréries des Saints-Lieux, les religieuses de Saint-Dominique, les frères de l'Observance, tout le clergé, et à sa suite les bourgeois. Enfin, apparaissait sous un dais, la châsse de Notre-Dame, toute resplendissante d'or et de pierreries. Le peuple formait la haie en chantant les louanges de Dieu. Beaucoup étaient nu pieds.

Pendant neuf jours, ce spectacle se renouvelait aux yeux d'une population attendrie !

Nous renonçons à peindre l'affluence des fidèles dans la ville à cette époque fortunée. Tous venaient gagner les indulgences qui leur avaient été assurées par le chef de l'Eglise et par ses légats ; presque tous accomplissaient la tâche de faire avec la procession, le tour de la ville, le chapelet en main ! Quel touchant spectacle ! et qu'il est doux de le voir se reproduire de nos jours.

LES GLOIRES DE NOTRE-DAME DE LA TREILLE.

Aucun genre d'illustration ne devait manquer au culte de Notre-Dame de la Treille.

La confrérie s'accrut encore en prenant le nom de *Charité de Notre-Dame*. Ce mot de *charité* résonne délicieusement à l'oreille de tous les catholiques; il est tendre et imposant tout à la fois, il rappelle les devoirs que nous avons à remplir envers les pauvres et les souffrants, et la douceur qu'on éprouve à les remplir. Il va bien avec le nom de Marie!

On porta la piété jusqu'à associer cette pensée de Notre-Dame à toutes les actions de la vie; elle eut sa part dans les joies du mariage, elle consola les douleurs de l'agonie, elle s'enrôla sous les drapeaux avec les défenseurs de la patrie. En même temps qu'on était citoyen, époux, soldat, on était fils de Notre-Dame de la Treille. Cette fraternité en Marie fit longtemps régner dans nos plaines de Flandre l'harmonie et la paix. Elle perfectionna la civilisation de notre pays et contribua peut-être à lui faire conserver une admirable modération même au milieu de nos bouleversements sociaux et politiques.

C'est là une des grandes gloires de Notre-Dame de Lille, de Notre-Dame de Flandre.

Venons à des gloires moins éclatantes, à des gloires plus modestes, mais qui ont cependant encore leur prix, car elles montrent quelle était l'influence du culte de Marie sur toutes les puissances de ce monde, influence qui les adoucissait et les rendait meilleures. La douce Marie, c'est ainsi que l'appelait le peuple; et tous ceux qui voulaient passer pour vrais serviteurs de la bonne Vierge, étaient obligés de traiter le peuple avec plus de miséricorde, car Marie était la mère du peuple. Or, qui aime la mère, aime aussi les enfants.

Philippe-le-Bon, duc de Bourgogne, mérita bien de ses sujets; il aimait singulièrement Marie; il décora splendidement la chapelle de Notre-Dame et y plaça son propre portrait et celui de sa femme, Elisabeth de Portugal. Pour lui, il était représenté en costume de chevalier de la Toison-d'Or. On sait que cet ordre militaire, encore en si grand éclat en Espagne, lui devait sa fondation. Il le consacra à Notre-Dame de la Treille. Les vingt-quatre premiers chevaliers reçurent l'accolade en l'église de Saint-Pierre, le jour de saint André, de l'année 1431.

C'est un grand honneur pour la ville de Lille d'avoir été le berceau de l'un des ordres les plus illustres et les plus anciens de l'Europe.

HOMMAGES.

Les hommages à Notre-Dame de la Treille se succédaient dans notre cité avec une rapidité vraiment merveilleuse.

En 1634, la chapelle ayant reçu une riche décoration nouvelle en vertu des libéralités d'une noble dame, une procession extraordinaire eut lieu pour replacer la Vierge à la Treille dans son asile sacré. On peut dire que toute la ville y assista, représentée par le clergé, par ses magistrats et par ses citoyens. Quatre chanoines en surplis et en étole portaient la sainte image resplendissante de pierreries. On s'arrêta à l'Hôtel-de-Ville et à la Chambre des comptes, au milieu des accords d'une délicieuse musique. Puis, lorsque Notre-

Dame de la Treille reparut à la place où les fidèles étaient accoutumés de se prosterner devant elle depuis tant de siècles, un immense tressaillement de joie et de bonheur parcourut l'immense assemblée. On aurait cru que le peuple de Lille faisait un nouveau pacte avec sa protectrice. Sans la fureur impie et aveugle de la révolution, c'est dans cet asile sacré que nous la verrions encore et qu'elle recevrait nos vœux et nos prières ! Espérons que les murs bénis de Saint-Pierre se relevant bientôt, elle trouvera un sanctuaire digne de sa gloire et de ses incalculables bienfaits.

NOTRE-DAME DE LILLE.

Voici un beau jour qui va luire pour notre bonne ville de Lille.

Voici un hommage vraiment populaire adressé à Notre-Dame de la Treille.

C'était en 1634.

Une noble et salutaire pensée vint aux membres du chapitre de Saint-Pierre ; ils résolurent de consacrer à Marie la ville entière.

Messieurs du Magistrat accueillirent cette idée avec un véritable enthousiasme, et elle fut immédiatement mise à exécution.

La cérémonie eut lieu avec une grande pompe, le 28 octobre 1634. (1)

(1) Messieurs du Magistrat avaient à leur tête M. Jean Le Vasseur, mayeur de la ville, dont le tombeau a été violé en 1793, et dont le corps repose depuis cette époque dans le cimetière de Sainte-Catherine.

Messieurs du Magistrat, suivis d'une brillante escorte, se présentèrent dans la chapelle de Saint-Pierre, précédés d'un héraut portant un étendard sur lequel on lisait :

Le Magistrat et le Peuple consacrent Lille à Notre-Dame de la Treille.

Une messe fut chantée en musique, et à l'offrande, Messieurs du Magistrat présentèrent l'étendard à la Vierge avec les clefs de la ville.

Salut à toi ! protectrice du pauvre ! que de noms d'empereurs, de princes, de prélats éminents, inscrits sur les listes de Notre-Dame de la Treille !...

Mais c'est sur les petits surtout et les souffrants que le regard de Notre-Dame se porte avec amour ! que d'infortunes n'a-t-elle pas soulagés par sa puissante intercession !

Ici, c'est un fils soldat qu'elle fait revenir sain et sauf, et qui est rendu à ses pieux parents, après les longues et sanglantes guerres de l'empire.

Là, ce sont de malheureux estropiés auxquels elle fait recouvrer l'usage de leurs membres.

Parlez aussi de ses bontés, parlez-en, pauvre mère, qui avez eu assez de confiance en elle pour porter à ses pieds votre enfant mort-né et qui l'avez vu renaître entre vos bras, et vivre assez longtemps pour recevoir le saint baptême.

Et vous tous qui, pendant cette grande peste de 1519, avez été guéris par sa toute-puissante intercession, après avoir été abandonnés de tous les médecins, ne viendrez-vous pas aussi témoigner de sa miséricorde et augmenter la gloire de son nom?

Notre-Dame de la Treille, vous êtes bien veritablement la consolation des affligés!

FRANCE ET MARIE.

Ici se place un souvenir qui fera battre tout cœur français et catholique !

Lorsque Lille ouvrit ses portes à Louis XIV, ce souverain jura devant Dieu dans la chapelle de Notre-Dame de la Treille de respecter les franchises et libertés de la ville.

Là aussi, il reçut le serment de fidélité de Messieurs du Magistrat.

On peut donc dire que c'est la main de Notre-Dame de la Treille qui a opéré la réunion de Lille à la France !

Lille Française, c'est l'œuvre de Notre-Dame.

Il a y là un cachet à la fois religieux et national, qui consacre de la manière la plus solennelle l'attachement de Lille à la France et à la foi catholique.

Lillois désormais Français, comme toujours catholiques, que nous soyons bourgeois, ouvriers, soldats, riches ou pauvres, petits ou grands, nous sommes frères en Jésus-Christ et en Marie ; profitons de cette fête séculaire pour nous réunir dans les sentiments de la concorde la plus affectueuse, pour nous réunir autour de l'image sacrée de Notre-Dame de la Treille et pour faire entendre ce cri vraiment lillois :

Vive la France ! vive Marie !

Lille. Lefebvre-Ducrocq

www.ingramcontent.com/pod-product-compliance
Lightning Source LLC
Chambersburg PA
CBHW060933050426
42453CB00010B/1983